MIENTRAS ME MIRABAS

SILVANA JUÁREZ

MIENTRAS ME MIRABAS

-Poesía, versos & frases-

Asia
Ediciones

©Juárez, Silvana

Mientras me mirabas : poesía, versos & frases / Silvana Juárez. – 1a ed. - Monteros : Silvana Juarez, 2019.

116 p. ; 22 x 14 cm.

ISBN 978-987-86-2265-1

1. Poesía Argentina. I. Título.
CDD A861

Diseño: Asia Ediciones
www.asiaediciones.com
Diseño de portada: Lauria
Vectores: pixabay.com free royalty

holasilvanajuarez@gmail.com
www.silvanajuarez.com
www.mientrasmemirabas.wordpress.com
Instagram, Facebook: @silvanajuarezz

Impreso: Amazon Inc
ISBN 978-987-86-2265-1

Para "A", cuya mirada siempre fue fuente de inspiración.

Las muchas aguas no podrán apagar el amor, ni lo ahogaran
los ríos. Si diese el hombre todos los bienes de su casa por
este amor, de cierto lo menospreciarían.

Cantares 8, 7

"El alma que hablar puede con los ojos, también puede besar
con la mirada".
Gustavo Adolfo Bécquer.

PRÓLOGO

La primera vez que lo vi fue en una estación de buses de la Ciudad de Buenos Aires. En un enero caluroso, en medio de la multitud él me miraba. Por esas coincidencias de la vida tomamos el mismo bus, con destino al mismo lugar, por lo que el encuentro fue inminente. El destino quizás. Así comenzó está historia.

Tres días después en un boliche nos besamos. Esa noche me confesó que estuvo mirándome desde que entre a la estación y sufrió al pensar yo estaba casada con la persona que me acompañaba (un pariente). Fantaseo conmigo desde el principio, se armó toda una película.

Lo que yo nunca le dije, es que en esa estación, mientras él me miraba yo me enamoraba de él.

Nos despedimos al pie de una montaña en el Norte Argentino con sonrisas, abrazos y besos.

Cuatro años después volvimos a encontrarnos. Él cruzo el Océano Atlántico y yo viaje cientos de kilómetros. Pero ahí estaba en esa esquina del Barrio de Palermo en Buenos Aires esperando por mí, como si el tiempo no hubiese pasado.

Esa vez me despedí de él en una estación de trenes, con abrazos, besos y un "nos vemos pronto". Pensamos era una despedida temporaria, ¡que ingenuos fuimos!.

Pasaron otros cuatro años y cruce el Océano Atlántico atravesando un continente para esperarlo sentada en un bar de Londres mirando por la ventana.

En esa ocasión nos despedimos en otra estación.

Una historia de encuentros fugaces y despedidas eternas.

Él y su mirada me salvaron en aquel primer encuentro y en más de una ocasión. Me enseñó a ver la vida de una manera diferente. Me quiso sin razón, yo lo quise sin razón, porque si.

A pesar de tantos años, de tanta distancia -física no emocional-, siempre estuvo ahí.

Cuando lo recuerdo sonrió, me siento en calma. Porque aunque no estemos juntos él siempre será eterno, porque siempre recordaré su mirada, y porque lo mejor del mundo siempre será:

‹‹ Todo lo que despertaste…Mientras Me Mirabas ››.

ETERNO

MIRADA

Cuando me mira
siento todo tiene solución,
todo estará bien,
me siento en casa,
en paz conmigo, con el mundo.

Una sola mirada suya
es capaz de resucitarme,
de sacarme de profundos abismos.

Esos ojos celestes infinitos
como el cielo,
esa mirada sincera,
profunda,
capaz de conseguir lo que sea.

Por eso lo mejor del mundo,
lo que más me gusta es…
su mirada cuando me habla.

CADA VEZ QUE LO MIRO

Cada vez que lo miro
siento un rayo me atraviesa,
me parte en el medio,
una flecha me pega justo en el corazón,
en este delirio y alucinación
hasta logró verlo a Cupido
riéndose en mi cara,
burlándose de mí.

Cada vez que lo miro
miles de aves
se posan en mi estómago,
revolotean libres,
a veces hasta me provocan dolor
porque son demasiadas aves
para mi estómago.

Cada vez que lo miro
me siento al borde
de un ataque cardíaco,
me mareo,
empiezo a alucinar historias,
hago futurología con él.

Si él supiera

todo lo que me provoca

cada vez que lo miro.

CON ÉL LA VIDA ES MÁS HERMOSA

Con él todo es más delicioso,
el helado sabe mejor
al igual que sus besos
tienen un sabor especial
que no logró encontrar en otros labios.

El parque deja de ser
un simple parque,
se convierte en un lugar mágico.

Todo es mejor en su compañía.

Transforma las tardes de sol
en algo magnífico.
Las caminatas ya no cansan,
el invierno ya no es frío.

Así es él,
capaz de hacer la vida
simplemente más hermosa.

EL CHICO DE LAS MANOS ÁSPERAS

Lo conocí en medio de un gran tumulto
tanto interno, como externo.

Tenía 27 años
yo varios años menos,
me observaba de manera diferente,
él no me veía, él me miraba,
como si pudiera mirar lo que pasaba adentro.

Me hacía sentir especial,
elegida.
Besaba dulce
pero intensamente,
logró con su mirada resucitarme.

Él era el chico de las manos ásperas
y el corazón suave.

ME ROBO EL MES DE ENERO

Todos mis eneros son suyos.

Las estaciones de buses,
de trenes, de metro,
también le pertenecen.

Se adueñó de las montañas
aquel 12 de enero.

Hasta el sol le pertenece,
en especial el de los domingos
en algún parque,
el césped, el jugo de manzana.

Todas las canciones son suyas
lo nombran incesantemente.

Cada maldito bar,
todo me lo recuerda,
ya no me queda nada.

ETERNO VERANO

Transformó la vida
en veranos eternos,
jamás hubo nevadas
solo calores intensos.

Veranos cargados de humedad,
la humedad del cuerpo
que se arqueaba en busca del placer.

Veranos sedientos,
siempre queríamos más,
la deshidratación era constante.

Veranos de amor.

Con él la sangre fluía
por todas mis extremidades

SOLO CON ÉL

Con una sola mirada me hacía el amor.

Con una mirada era suya,

sucumbía ante él.

Con un solo rose de su piel,

de sus manos,

de cualquier parte de su cuerpo

conseguía hacerme temblar.

Con un solo beso apasionado

me sentía extasiada,

su boca era un elixir para mí.

Con él la sangre fluía

por todas mis extremidades,

solo con él.

MI LIBRO FAVORITO

Como un buen libro
era él.

Libros que al leerlos
te cambian el humor,
te hacen estar contenta
recordando alguna ocurrencia del autor.

Libros que te enseñan
y dejan marca.

Libros que no elegís
que te eligen,
que compras sin saber bien porque.

El era como uno de esos libros
que con el tiempo descubrís
después de leer otros ejemplares
que ese era tu libro favorito.

AYER

Ayer por fin nos reencontramos
después de 4 años,
de aquella estación de tren,
de aquel beso,
de aquella sonrisa,
de aquel "nos vemos pronto, cuídate".

Ayer por fin nos reencontramos
en el café de moda,
aunque para mí
solo estábamos tu y yo.

Ayer por fin nos reencontramos
volviste a abrazarme,
volví a tocar el cielo con las manos
por un simple y estúpido abrazo,
que tonta soy.

Ayer por fin nos reencontramos,
ayer el corazón volvió a latir.

OJALÁ

Ojalá es una palabra con muchos significados:
ojalá llueva, ojalá salga el sol,
ojalá si, ojalá no.

Miles de ojalá se posan en mi mente,
los ojalá de las despedidas
y sus "ojalá nos veamos pronto",
los ojalá de los reencuentros
y sus "ojalá no volvamos a separarnos".

Ojalas que pasan por mi corazón,
tantos ojalá me envuelven, me enredan,
me atan y me liberan.

Pero hay uno que deseo siempre, especial
ojalá algún día,
"ojalá tu y yo".

AQUEL ABRAZO

Nos abrazamos sin pronunciar palabra
ni adiós, ni hasta pronto,
ni gracias, ni llámame,
nada,
ninguna palabra salió de nuestros labios.

A pesar de que el corazón explotaba,
a pesar de que todavía quedaba mucho por decir,
no pudimos pronunciar lo que el corazón gritaba.

Nos abrazamos fuerte,
un abrazo prolongado, sentido,
esos abrazos con el cuerpo
pero también con el alma,
no fue un abrazo normal, simple.

Después de ese abrazo
solo con la mirada
porque las palabras no salían
nos dijimos:
"hasta la próxima vida amor".

*Érase una vez él, yo, nosotros,
que no pudimos dejar que suceda,
que nos dejamos ir.*

ÉL, YO, NOSOTROS

Erase una vez él

con su sonrisa,

con su mirada,

con sus miedos,

con sus temores,

con sus inseguridades.

Erase una vez yo

con mis dudas,

con mis mochilas,

con mis inconclusos,

con mi amor,

con mis fantasmas.

Erase una vez nosotros

con nuestras vueltas,

con nuestros problemas,

con nuestros deseos,

con nuestros sueños.

Erase una vez él, yo, nosotros,

que no pudimos dejar que suceda,

que nos dejamos ir.

AMORES

VOLVER

Volver a amanecer desnuda, contigo, abrazados, acurrucados.

Intentar no hacer ruidos, para que los vecinos no oigan.

Protestar por la luz que entra por esa ventana, cubierta con una sábana a falta de cortina.

Pelear para que no me quites la manta, para que me dejes ir a duchar.

Seguir rendida en esa cama desordenada, en esa habitación revuelta, tan llena de todo, de ti, de mí.

Volver a esas mañanas, a esos días, en donde nuestro único problema era la luz de una ventana sin cortina.

ME DAS

Me das vida

con una mirada, con una caricia, con una sonrisa, con

simplemente estar ahí.

Me das vitaminas

eres un shock de vitamina, de mi vitamina.

Me das ganas

de seguir, de no bajar los brazos, de levantarme.

Me das cosquillas

en todo el cuerpo, que me impulsan, me motivan, me

mueven.

Me das aire

para no dejar de respirar, para suspirar cerrando los ojos, para

sentir.

Me das poderes

me haces sentir poderosa, empoderada.

Me das sueños

que no me dejan dormir, que me dan ganas de hacer.

Me das y me das
sin pedir nada a cambio, sin quitarme nada.
Me das vida.

UN BESO MÁS

Tus besos son adictivos
me das un beso y quiero repetir
comienzo a perder el control
me siento emborrachada.

Quiero más y más
no hay límite
nada me satisface,
nada me llena.

Deseo más y más
de mil maneras,
las mil maneras de besar,
corto y largo,
húmedo y seco,
fuerte y despacio.

Todo, quiero todo,
solo un beso más.

SONRISA

Su sonrisa es
destrucción y construcción,
alivio y tormento,
paz y tempestad,
consuelo y desazón.

Su sonrisa es como él
clara y profunda,
verdadera y siniestra.

Si la tengo es lo mejor,
si me falta lo peor.

Hay días buenos y malos,
pero días maravillosos
solo son aquellos
donde me encuentro contigo.

DÍAS

Hay días en los que brillo,
días en los que estoy apagada,
días de colores,
días oscuros.

Hay días en que no me levanto de la cama,
días en los que saltó de la cama,
días en los que duermo,
días en los que no deseo dormir.

Hay días buenos y malos,
pero días maravillosos
solo son aquellos
donde me encuentro contigo.

EN TODOS LADOS

En todos lados te veo,

cualquier persona que pasa

volteo pensando eres tú.

Todo me recuerda a ti,

cualquier cosa te trae a mi memoria.

Lo que mire, lo que toque.

Un bar, un café.

Estas aquí mientras bebo este café.

En todos lados te siento,

cierro los ojos y puedo sentir tu aliento.

En todos lados tú.

TOCARTE

Ruego que me toques
con los pensamientos,
acaríciame con el alma.

Ruego ser un pájaro
para poder tocarte,
besarte con un canto,
sentirte con mis alas.

Ruego poder tocarte
aunque sea solo
con la mirada.

BÚSCAME

"Te esperaré" dijo,
mientras yo pensaba:
"no, no me esperes,
búscame".

Búscame en las mañanas,
en la cama vacía,
en los días de sol.

Búscame en los silencios,
en las miradas pérdidas
camino al trabajo.

Búscame en los suspiros,
después de tu café,
al final de algún poema.

Búscame en cada instante,
búscame que me encontrarás.

VICIO

Ese vicio que me hace perder la razón,

que no me deja discernir entre lo correcto e incorrecto.

Ese vicio que no puedo dejar,

que siempre quiero más, que me hace temblar.

Ese vicio que me cura todos los males,

que me produce la más cruel abstinencia cuando me falta.

Ese vicio que necesito para vivir,

que tiene tu nombre, que eres tú.

Tu amor es un vicio para mí.

Esta noche no me conformo
soñando con tus besos,
esta noche ven
bésame.

BESOS

Esta noche hay deseo
de besos, de poesía.

Esta noche tengo ganas
de que chapemos, trancemos
como adolescente a oscuras,
que juguemos a las escondidas.

Esta noche quiero
besos fuertes, largos
de esos que duelen,
mordernos en todos lados.

Esta noche no me conformo
soñando con tus besos,
esta noche veni
bésame.

VUELVE

Como la última gota de agua
en un desierto ausente.

Ultimo recurso para revivir
este corazón enfermo.

Misterioso y lejano.
Callado pero alegre.

Vuelve para despertar está alma dormida.
Revolotea cual pájaro en su nido.

Como si el tiempo entre nosotros
no hubiese pasado.

Como si nunca nos hubiésemos
separado.

EL ALMA

Si tú me faltas, siento un vacío grande

como si me faltara el alma,

como si esta se hubiese quedado atrás, lejos.

Me detengo, necesito hacerlo

a esperar que mi alma logre alcanzarme.

Si vuelves a mí, cuando estás a mi lado

el vacío desaparece.

Es como si por fin, el alma me alcanzara.

PREGUNTAS

¿Cómo empieza el amor?

¿En qué momento comenzamos a amor?

¿En qué momento todo nace?

¿Cuándo comienza a doler?

¿Por qué duele?

¿Debo esperar a ese amor?

¿Cuánto tiempo?

¿Cuándo es necesario darse por vencido?

¿Cuándo comenzamos a separarnos?

¿Cuándo termina el amor?

¿Algún día termina?

¿Algún día se acaba todo?

¿Cuándo dejamos de sufrir?

¿Cuándo se termina la culpa?

¿Cuándo volvemos a amar?

¿Cuánto tiempo necesito?.

IRONÍA

Hablo.
Hablo con uno,
hablo con otro,
pero nunca hablo con él.

Juego.
Juego con uno,
juego con otro,
pero nunca juego con él.

Así pasan mis días,
así pasa mi vida.

El único que me importa
es el único que no está.

Que ironía de la vida.

ATURDIDA POR EL SILENCIO

Este silencio me aturde,

hace temblar las paredes,

se esconde detrás

de una sonrisa triste,

de un llanto vagabundo.

Este silencio nauseabundo

me provoca pena

de nosotros mismos

por la casa,

por las calles,

por el mundo entero.

Este silencio de distancia

de corazones dolidos, aburridos,

¡que peligroso es un corazón aburrido!.

Este silencio doloroso,

resentido, agobiante,

recordándome cada segundo

que me faltas.

PLANETAS

Sigues en mi cabeza,

en todos los malditos lugares,

el mundo sigue siendo tuyo, todo tuyo.

Sigue la guerra,

está interminable guerra de egos

de quien resiste más.

Sigo con la idea de mudarme

a otro planeta,

a Plutón, o quien sabe a Júpiter.

Porque el planeta tierra

siempre será tuyo.

No hay que ahogarse en amores imaginarios,
en historias inventadas o soñadas

BASTA DE AMORES IMAGINARIOS

Si algo no tiene que ser, no es
no hay que darle vueltas al asunto,
no hay que ahogarse en amores imaginarios,
 en historias inventadas o soñadas.

Si no fue, es porque así debía ser
no era el momento,
la persona,
la ciudad,
porque no era.

No es, no debió ser y tampoco deberá ser,
no hay presente, pasado, ni futuro.

Dejemos de inventarnos amores invisibles,
nos centremos en los verdaderos,
en los que están,
en los que son, fueron y serán.

EL VIENTO DUERME

Al alba, en esas mañanas, en esas horas
en donde todavía el viento duerme,
en donde la luna y el sol se presumen,
en donde los pájaros cantan canciones de amor.

En esas horas
en donde todo el universo es erótico y seductor,
en donde todos buscan gustar,
en donde el cielo es naranja,
en donde las flores pispean de reojo
y las gatas maúllan aún en los tejados.

En esas horas
en donde los gallos le dicen a la luna
que se acabo el tiempo,
que intente de nuevo mañana,
en donde mi cama todavía huele a ti,
en donde yo huelo a ti,
en donde todo huele a ti.

Es, en esas horas
en donde te odio con más intensidad.

ADIOS

Con el alma desnuda,

con el corazón en la mano,

con los enojos que cargo,

te digo adiós.

Solo el corazón sabe la verdad.

No pudimos

con el paso del tiempo,

con la distancia,

con los silencios,

con nosotros mismos.

Adiós.

VIDA

MONSTRUOS

Mi cabeza está llena de temores, de miedos sin sentido. Me enfrento a uno y surge otro nuevo.

Miles de monstruos me habitan a diario, dan vuelta en mí, me paralizan. Y cuando por fin doy el paso, sale a mi encuentro uno nuevo que estaba escondido.

Porque no todo es blanco o negro, hay grises, que no me gustan, me afectan, me agotan, me agobian.

Y hasta cuando hago "las cosas bien" surgen los imprevistos que me tiran, porque a veces no todo depende de mí.

Decisiones propias equivocadas me persiguen, me acosan; pero me construyeron, creando la persona que soy hoy.

Al final, por suerte y como dice esa canción "nada se pierde - ni el miedo, ni los monstruos, ni los errores- todo se transforma"; en lecciones, en aprendizaje, En Mí.

Tenemos todo para ser felices
al frente de nuestros ojos
y no nos damos cuenta.

DARNOS CUENTA

Tenemos todo para ser felices al frente de nuestros ojos
y no nos damos cuenta.

La felicidad se esconde detrás de la sonrisa de la persona
amada
y no nos damos cuenta.

Lo que precisamos está al alcance de nuestra mano
y no nos damos cuenta.

Todo está ahí esperando ser encontrado, percibido
y no nos damos cuenta.

Necesitamos imperiosamente abrir los ojos y aprender a ver,
necesitamos lograr darnos cuenta
de lo que no nos damos cuenta.

SOMOS UNA BRISA

El fantasma de una enfermedad se asoma en silencio. La calma que antecede a la tormenta.

El miedo entra a escena, los pensamientos que inundan la cabeza, los deseos inconclusos, tengo tantas cosas por hacer, tantos sueños pendientes, ¡tantos pendientes!

La vida me pasa como un torbellino y el miedo de vuelta. La angustia, el llanto, la impotencia, la bronca, el deseo, la tristeza, los sueños, la vida, ¡oh la vida!.

Quiero más oportunidades, quiero más tiempo, solo eso, tiempo. Tanto tiempo que perdí, tanto. El aire que se me escapa, la libertad.

Hasta que comprendo soy, somos, apenas como una simple brisa, como la suave y fugaz brisa de una mañana.

EMOCIONES

Emociones
que van,
que vienen,
que pasan.

Peleas sin sentido
resentimientos guardados,
soledad infinita.

Pasado y futuro
nunca presente.

Amaneceres perdidos,
atardeceres sin sol.

Así vamos,
dejando pasar
las emociones.

SIN PASAR

Se me pasa la vida
y yo sigo sin pasar,
porque ya no se trata
de él, de ellos o de alguien,
se trata de mí
siempre se trató de mí.

Porque ellos pasarán
todos y cada uno,
en su momento,
en su tiempo,
en su época,
y quedare solo yo
al final.

Esperando el tren,
esperándome a mí misma,
a que mi cabeza haga el click,
con el cual todo se acomodara.

Aquí estoy
esperándome a mí misma,
esperando pasar.

SOY

Soy la que grita y calla,

la que ríe y llora,

la que larga todo y agarra todo.

Soy la buena estudiante y la pésima,

la simpática y la antipática,

la sociable y la ensimismada.

Soy la rubia y la morocha,

mis silencios y mis noches estrelladas,

tantas mujeres y tan pocas a la vez.

Soy la que se pierde y la que se encuentra,

aunque rápidamente vuelvo a perderme

y la búsqueda continúa una vez más.

NAUFRAGA

Náufrago
pérdida en el océano,
en el mundo, en mí.

Navego sin dirección,
sin rumbo que es lo peor.

Náufrago por caminos desconocidos
que se vuelven conocidos y aburridos.

Divago en las noches de melancolía,
sueño imposibles.

Desorientada en línea recta
busco curvas, salidas, escapatorias.

Soy una naufraga eterna,
naufraga de la vida.

ALMA

Escucha tu alma
ella sabe,
ella ya lo vivió,
ella ya conoce todo.

Escúchala
para que te guíe,
para que te cuide,
para que te ayude.

Déjala que hable
que se exprese,
que se manifieste,
que te enseñe.

Siente tu alma
es tu arma más poderosa,
es tu as bajo la manga.

Por favor hazme caso,
escúchala, síguela,
espérala y serás feliz.

Te prometo
que todo esto valdrá la pena,
que la vida vale la pena.

PEQUEÑA LOURDES

Bienvenida pequeña Lourdes,
bienvenida al caos.

Se que hoy todo te parece horroroso,
se que no te gusta la luz,
se que no toleras a esas personas que hablan sin parar,
se que te molesta el cuerpo y te sentís extraña.

Te preguntas: ¿dónde estás?, ¿qué haces aquí?,
lamentablemente esas preguntas te perseguirán el resto de tu
vida,
pero todo lo demás mejorará.

Se que llegarás a amar la luz y el sol,
se que adoradas escuchar a esas personas,
se que tu cuerpo te traerá grandes placeres.

Y como tu tía te prometo
que todo esto valdrá la pena,
que la vida vale la pena.

Bienvenida pequeña Lourdes,
bienvenida a este hermoso caos.

AMIGOS

Hay amigos que son hogar
que abrazan, que acarician,
que acompañan, que dan vida.

Amigos que nos salvan,
nos rescatan,
de nosotros mismos, del caos.

Amigos necesarios
como el aire para seguir.

Hay amigos que son hogar
cálidos y acogedores
en las noches de soledad.

ALMAS ROBADAS EN MALVINAS

Abril del '82 en una Argentina tomada por una dictadura
voraz,
las venas abiertas de un país que perdió la paz.

Hombres con sueños conducidos a su muerte,
hombres que terminan descriptos como
"soldado solo conocido por Dios".

Niños de 17 años con frío, sin armas, sin comida, sin ropa,
sin saber qué hacer, sin entender qué pasa.
Niños arrebatados de su inocencia, de su dignidad,
de su voluntad, de su libertad, de su vida.

Los que mandan esperan en su sillón bebiendo Champaign,
ellos no sufren, no tienen hambre, ni frío,
ellos mandan, ellos no respetan la vida.

Un mundo que mira al costado,
vecinos que traicionan.

Madres que esperan cartas que nunca llegarán,
que escriben cartas que nunca llegarán.
Madres, padres, esposas, novias, hijos, hermanos,

que esperan a hombres que no volverán.

Pocos logran volver solo con el cuerpo
porque el alma la dejan en Malvinas.
¿Podrán, algún día, recuperar su alma robada?

Un país que solo así logra despertar,
cuántas muertes sin sentido, en una guerra sin sentido.
¿Acaso alguna guerra tuvo sentido?.

ELLA ES MÁGICA

La poesía es mágica,
es la magia que produce al leerla,
al sentirla.

Capaz de hacerte reír o llorar,
despierta sentimientos
con un solo verso.

Te da paz, te hace sentir
que no estás sola,
que hay otros como vos
Roba suspiros,
deja sin aliento.

¡Oh la poesía y su magia!
quien pudiera ser poesía,
simple y mágica.

EMOCIÓN

Mientras me mirabas

Me miraste por primera vez en una estación de buses,
a lo lejos,
y pude sentir tu mirada,
es que mientras me mirabas yo me enamoraba de ti.

El culpable cuando mis ojos brillan.

Chico guapo

Capaz de leer mis pensamientos.

Me saca sonrisas verdaderas.

Inspira poemas y más poemas.

El culpable cuando mis ojos brillan.

Responsable de mi corazón acelerado.

Chico guapo, gusto mucho de ti.

Imagino tus manos en mi cuerpo,

se me agita la respiración.

Te sueño con los ojos abiertos

y los cierro para poder verte mejor.

Él es mi amor,

mi tarde en el parque,

el sol que se pone

en una playa en El Salvador,

sentir el viento en el rostro,

la cima de una montaña.

Él es esa palabra

que no tiene definición en el diccionario.

Que ganas de encontrarte,

de volver a equivocarme,

de caer en la tentación

una y otra vez.

Tu ausencia es como
un invierno eterno
que no me abandona,
que me hace temblar de frio,
que me quita el aliento,
que no me deja respirar.

Entre tu boca y la mía

Entre tu boca y la mía

hay kilómetros que nos separan

de porque

de quejas

de reproches

de egos

de sueños

de cobardía

kilómetros de distancia.

"Nos vemos muy pronto"

Fueron sus palabras hace dos años

y desde ese día me pregunto:

"¿cuánto tiempo es muy pronto?"

Las pasiones son grandes

no aprendí a querer a medias,

es todo o nada.

Las despedidas son verdaderas tragedias

y los reencuentros el paraíso.

Un beso de la persona amada

es sin dudas lo mejor del mundo,

y creo que en este punto

el universo entero coincide conmigo.

Los sentimientos son como los árboles,

si no se riegan se secan

y cuando se secan se mueren.

Al final del día solo importa quién está ahí,

a pesar de todo,

a pesar de la tormenta o del sol.

Quien con una mirada te dice "todo estará bien".

La única manera que una persona trate mal a otra,

es que esa otra lo permita.

¡No lo permitas, por favor no lo permitas!

HISTORIAS DEL VIENTO

QUÉDATE CONMIGO

La espero en la puerta de su edificio. Ella salió con un hermoso vestido coral de noche, el sonrío al verla. Le abrió la puerta del auto y con música de fondo se dirigieron a la fiesta.

De pronto él detuvo su auto, se desabrocho el cinturón de seguridad y la besó con pasión. Ese beso no podía esperar más.

En la fiesta bailan, ríen, se miran, ¡como se miran!. Se desean.

Por debajo de la mesa mantienen sus manos juntas, por alguna razón necesitan ese contacto.

En el auto, ya de regreso, juntando coraje y con la voz entrecortada el susurra en su oído: "está noche quédate conmigo".

LAURA

Laura hace un tiempo descargo una foto de su ex en el celular. Cada vez que la mira un "hola" sale de sus labios, sin querer lo dice en voz alta mirando embobada su imagen: "hola", como si él fuera a escuchar. No puede evitar saludarlo "¿cómo estas bombón?".

Cree que se está volviendo irremediablemente desquiciada, su ausencia la está volviendo así.

Necesita todo de él.

Hace zoom para ver su sonrisa, se pierde en ella. No hay nada más lindo en el mundo que su sonrisa.

Cierra la foto, todo el archivo con un click, no quiere verlo, no quiere caer de nuevo ahí. Pero cinco minutos después, desesperadamente vuelta a hacer click y ahí está otra vez.

Lo que ella aún no sabe es que él también hace click y menos aún sospecha que se volverán a encontrar.

SALLY

Ayer un amigo de la niñez de Sally le confesó su amor durante esos años de infancia. Tenía grabado a fuego en su memoria anécdotas que ella no recordaba, vivencias que aunque fueron de ambos solo él las había guardado, en algún rincón de su memoria.

Sally le pidió perdón a ese amigo por no recordarlas, por no ver las señales, por no darse cuenta nunca de nada. Simplemente a veces no elegimos que detalles nos marcarán, ¿cómo saber distinguir esos pequeños momentos que marcarán una vida, una etapa?.

Sally pensó en los hombres que le rompieron el corazón, en uno en particular de su post adolescencia, ¿el recordará cada detalle como ella, cada sonrisa?, seguramente no.

En ese momento el camino de las coincidencias cruzó por su cabeza y es que nada ocurre por casualidad. Ese amigo de la infancia vino a revelarle algo, a liberarla del resentimiento a través de la comprensión a ese amor por no elegirla.

Porque a veces no podemos ver, no podemos captar las señales, no podemos elegir a quien amar; y de eso no son culpables: ni él, ni ella, ni nadie.

INSTANTES

En este preciso momento, en algún lugar del mundo, un hombre se enamora de la sonrisa de una mujer. En otro lugar, no muy lejano, una pareja de mujeres se separa. En un café dos hombres que se aman deciden casarse. En una plaza dos personas cruzan sus miradas por primera vez.

En este instante alguien seguramente piensa en Alex. En este instante Alex recuerda a Noel.

Mientras tanto el mundo sigue girando como si nada, con personas apuradas que no quieren llegar tarde a algún lugar que mañana no importara.

En este preciso momento Alex sigue, como hace un instante atrás, recordando a Noel.

EL TREN

Una pareja sube al tren.

Él tiene todo su cuerpo tatuado, su cabeza esta rapada, viste una musculosa que deja ver sus músculos y una bermuda desgastada. Ella es menuda, con el pelo lacio y largo, un vestido floreado la cubre y desde lejos se puede sentir su aroma a Chanel.

Son polos opuestos a simple vista.

Al sentarse el saca los auriculares y coloca una en su oído, otro en el oído de ella, "para hacer el viaje más liviano" susurra, mientras la abraza y le da un beso en la mejilla. Agarrados de las manos, abrazados, solo miran por la ventana.

Se nota el amor en ambos, se aman.

Dos mujeres sentadas al frente observan y murmuran creyendo no ser oídas: "¿vos pensarías cuando ves a ese joven que puede ser una persona tan dulce?", "no" responde la amiga, "las apariencias engañan amiga mía, ¿quién lo diría?, hasta siento que me enamoro de Mr. tatuajes".

La pareja de enamorados sonríe, ellos escuchan, aunque disimulan y se abrazan más fuerte.

El amor hoy está en este tren.

CULPA DEL PISCO

Domingo por la noche, Carla está sentada sola en la barra de la cocina de un departamento prestado, con un pisco peruano en la copa.

Suena Ismael Serrano, añora Madrid, sus días en Madrid. De pronto escucha la canción titulada "últimamente", ríe al sentirse identificada, "tengo que huir a Marte no me queda otra" se dice a sí misma.

Luego escucha a Ismael decir "te recuerdo Amanda" y la catástrofe llega porque comienza a gritar "te recuerdo, te recuerdo Diegooo".

En ese momento su recuerdo la inunda toda, la atraviesa, la penetra, la hace temblar. Un simple recuerdo.

No quiere pensar lo que pasaría si él realmente estuviera, mientras bebe su pisco peruano.

DESPUES DEL AMOR

Después del amor viene el bloqueo de las redes sociales, luego el desbloqueo porque te das cuenta que no sirve ignorar, mentirse a uno mismo.

Sigue la bronca, el odio, el resentimiento, mucho despecho, pero mucho. Las preguntas: ¿qué le vi?, ¿en qué estaba pensando?, ¿cómo fui tan tonta de no ver, de no darme cuenta?.

Hasta que aparece alguien, pasajero, pero que te pone contenta, te das cuenta que todo sigue. Volves a sentirte linda, el despecho desaparece, logras perdonar o aceptar: el destino, la vida. Y por fin llega la paz, la quietud en el corazón.

Estás lista para volver a amar, para volver a intentar. Porque sabes, comprendes, que es mejor enamorarse y que se caiga el mundo.

¡Total, sos una puta ave fénix por naturaleza!.

ÍNDICE

www.ingramcontent.com/pod-product-compliance
Lightning Source LLC
Chambersburg PA
CBHW020734160726
47993CB00006B/2448